AF461135

ESSAI

SUR

LES ÉCLAIREURS A CHEVAL.

DE L'IMPRIMERIE DE DENUGON.

ESSAI

SUR LES

ÉCLAIREURS A CHEVAL,

SUIVI

D'UNE DESCRIPTION

DES BEAUTÉS, QUALITÉS ET DÉFAUTS EXTÉRIEURS DES CHEVAUX;

PAR F.-L. JANILLION.

Ancien Lieutenant en 1er, dans la Gendarmerie Royale de Paris, et ex-Secrétaire à la Commission de rédaction du Code militaire.

> Il n'y a point d'Éclaireurs en France; il n'y en a même jamais eu réellement que de nom. On en veut avoir, on le doit et on le peut.

PARIS,

LOCARD et DAVI, Libraires, quai des Augustins, n° 3, à la descente du pont Saint-Michel.

1819.

Eclaireur à cheval

se portant en tirailleur haut la carabine.

AVERTISSEMENT.

La création d'une compagnie d'éclaireurs à cheval attachée à chaque légion d'infanterie, destinée au service de l'avant-garde de l'armée, était réclamée depuis long-temps par tous les militaires qui savent la guerre.

J'ai servi dans les deux armes d'infanterie et de cavalerie légères. Les différens genres de service des flanqueurs, des partisans, d'éclaireurs et de tirailleurs à pied et à cheval me sont devenus familiers.

D'ailleurs, mes études militaires, mon activité naturelle, et une grande aptitude à tous les exercices de corps, auxquelles se rattachaient encore mes goûts particuliers, me rendaient très-propre à cette manière de faire la guerre; elle me plaisait enfin, et on fait rarement mal ce qui plaît.

C'est donc le résultat d'une longue et active expérience que je soumets au jugement de mes pairs en l'art terrible et funeste, mais cependant nécessaire, indispensable même, de la stratégie, qui ne permet pas d'ignorer de savoir engager et conduire une escarmouche, pour arriver à la science de gagner des batailles.

Privé de servir ma Patrie et mon Roi, je borne ma politique à les aimer sincèrement; et si ce léger fruit de mes réflexions et de mes loisirs peut leur être de quelque utilité, mon but sera rempli.

ESSAI

SUR

LES ÉCLAIREURS A CHEVAL.

CHAPITRE PREMIER.

Il est reconnu que les premiers soins d'un officier-général, et de tous commandans de corps d'armée, doivent être de s'assurer, le plus exactement possible, des forces et de la position de l'ennemi. Sans cette précaution urgente, il n'est point assuré lui-même dans la sienne. Sa sécurité, à cet égard, compromet encore la sûreté et la vie des hommes confiés à son commandement; et il ne peut ni ne doit compter que sur des succès d'occasion, que lui procurent de braves gens, servis par d'heureux hasards; avantages qui doivent être exclus des calculs raisonnés d'un militaire de distinction, qui veut justement acquérir ou conserver le nom de grand capitaine.

Ce qu'on apprend par la voie de l'espionnage

ou des transfuges ne peut faire un fonds bien stable; d'abord, par le manque de confiance morale d'où ces renseignemens sont puisés; et en outre, que ce n'est point de jour en jour, mais bien de momens en momens (particulièrement à l'avant-garde) qu'on doit suivre et se tenir au courant des divers mouvemens de l'ennemi.

Les reconnaissances, poussées aussi avant que la situation le permet, se rapprocheraient davantage du but désiré, si comme je me propose de l'établir et d'en démontrer les avantages, elles étaient continuellement faites par des officiers, sous-officiers et soldats instruits et bien exercés à ce genre de service ainsi qu'à celui de toutes les espèces de postes avancés.

Il n'y a point d'éclaireurs à cheval en France; il n'y en a réellement jamais eu que de nom; on veut en avoir, on le doit et on le peut. Aucun des corps formés jusqu'ici sous cette dénomination n'ont pu sous beaucoup de rapports la bien justifier.

Si les réflexions, les comparaisons et l'expérience nous ont démontré que la cavalerie légère ne peut résister au choc d'une troupe de grosse cavalerie, il doit demeurer pour raisonnable qu'on ne doit plus avoir que deux sortes de cavaliers, et que si on ne saurait avoir des cuirassiers ou de la grosse cavalerie trop formidables, on ne saurait aussi avoir des éclaireurs ou voltigeurs trop légers, pour éviter un choc ou des combats matériellement inégaux; et reprendre l'offensive avec avantage par leur légèreté si ces masses se rompent, ou en les harcelant continuellement et en les poursuivant activement à la suite d'un succès que nos troupes de batailles auraient obtenu ou préparé.

Si les étrangers ne sont point restés en arrière de nous à cet égard, ils ne nous ont pas devancés de beaucoup.

Les troupes légères du Nord, quoique mieux servies que nous en chevaux propres à ce genre de service, sont encore très-loin du véritable but.

Les Arabes et les Mamelucks ont en chevaux et en hommes de quoi s'en rapprocher davantage : il ne leur manque qu'une bonne organisation, et d'être mieux régularisés dans leurs manœuvres, leur discipline, et leurs divers services (1).

---

(1) J'eus occasion de raisonner souvent de ce qui nous manque pour avoir de véritables éclaireurs à cheval, et des moyens propres à remédier à cette lacune dans le cadre organique de l'armée, avec un de nos généraux marquans, dont les premières armes et la continuité de ses services, tant aux avant-gardes comme simple hussard, qu'à la tête de nos armées comme prince et maréchal de France, mettaient à même d'avoir des vues solides et justes à cet égard; et je vis avec plaisir qu'il approuvait les moyens que je propose dans cet Essai.

CHAPITRE II.

Conduites avec sagesse et habileté, les compagnies d'éclaireurs sont appelées à rendre de grands services aux corps près desquels elles serviront.

Les officiers généraux commandant les corps d'armée en ont senti la nécessité lorsqu'ils ont créé des guides pour les éclairer et les escorter eux et leur état-major. Les moyens d'exécution me paraissent faciles, et se réduisent à trois points principaux, qui seront eux-mêmes ensuite divisés et subdivisés au besoin,

SAVOIR :

L'*organisation*, les *manœuvres* et le *service*.

DE L'ORGANISATION.

Des hommes.—Les officiers, sous-officiers et éclaireurs doivent être vigoureux, intelligens, zélés et actifs.

Les officiers et sous-officiers doivent avoir fait la guerre dans un corps de cavalerie.

La connaissance de la géographie, des langues étrangères, et particulièrement de celles du nord, ferait trouver dans ce corps une réunion d'instruction bien désirable, et qui aurait souvent son utilité.

Une bonne école d'instruction mutuelle donnerait promptement des résultats satisfaisans à l'égard des langues.

L'instruction militaire mettrait bientôt les jeunes gens à même de rivaliser avec les anciens, et au besoin la pratique ferait le reste.

Chevaux de taille moyenne, vîtes, bien proportionnés, vigoureux, se maniant bien, parfaitement dressés aux différens bruits de guerre, ainsi qu'à tous les genres de sauts.

Habillement. — La forme en serait aussi légère que commode. Le fond et les agrémens de couleurs qui n'aient point trop d'éclat à la vue.

Pantalon demi-mameluck.

Brodequins à éperons se mettant à volonté par l'effet d'un talon garni en cuivre avec un trou bien solidement taraudé pour recevoir la vis des éperons, et les bien fixer.

La chaussure légère (et les éperons se retirant à volonté) laisse aux éclaireurs à pied ou démontés la facilité de marcher.

Coiffure (la) doit être aussi solide que peu volumineuse, à l'effet de passer aisément sous bois.

Manteau court.

Équipement, Harnachement et Armement.

Selle très-légère, arçonnée en demi-poste sur le devant. Siége et fonds de selle plats, à l'effet de pouvoir au besoin mettre un fantassin en croupe; une seule sangle, mais solide; un coussinet plat et très-large.

Chabraque à la hongroise, recouvrant bien par devant le manteau et les légères sacoches qui seront placées à la place des fontes, et qui remplaceront le porte-manteau, que je désire voir supprimer pour les éclaireurs : surfaix large, et en laine.

Sacoches en veau, de petite dimension, pour contenir le linge et le peu de vivres dont un éclaireur est susceptible de se charger. Au moyen d'un chapelet elles s'adapteront au pommeau de la selle, et seront fixées sur les côtés par deux courroies, en forme de ronds de fontes: le manteau placé dessus, le tout sera recouvert par la chabraque.

Bride à la hussarde, filet léger, mais très-solide, remplaçant le lourd bridon d'abreuvoir qui serait supprimé.

Licol solide et léger : de la forme de ceux connus dans la sellerie sous la dénomination de licol de chasse ou de poche.

Armement.

Carabine.—A deux coups, modèle léger, canons de vingt pouces, baguette demi-forte et séparée de la carabine, fixée d'un bout, au moyen d'une courte lanière de cuir à un crochet placé à gauche du ceinturon, le bout qui sert à bourrer passant dans un anneau pratiqué à la première belière du ceinturon afin de la maintenir.

La carabine se portera en sautoir sur le dos, la crosse à gauche, pour donner au cavalier la facilité de monter à cheval.

La bretelle de la grenadière qui servira à porter la carabine sera élargie sensiblement à l'endroit qui portera sur l'épaule droite, à l'effet de ne point couper l'épaule de l'éclaireur et lui rendre moins sensible le poids de la carabine.

Cette bretelle sera fixée d'un bout à 6 pouces des bouts des canons de la carabine, et de l'autre à la naissance de la crosse.

Les deux bouts de la grenadière viendront se joindre sur la poitrine, savoir : le bout d'en haut par une olive, et celui d'en bas par un anneau oblong qui la recevra.

La carabine à deux coups, si elle est d'une forme bien maniable, est l'arme la plus convenable aux éclaireurs : je m'abstiendrai de réfuter l'armure de la lance, et de m'étendre sur la suppression des pistolets placés dans les fontes; ce qui m'étonne seulement, est qu'on ait armé de cette sorte les derniers corps formés sous le nom d'éclaireurs.

Ceinturon large, en forme de ceinture, à laquelle s'adaptera un pistolet à deux coups placé à gauche, à la Mandrin; et un petit sac en forme de sabretache pour contenir divers petits objets tels que pipe, mouchoir, etc., d'un usage fréquent. Ce sac est d'autant plus nécessaire que la forme de nos habits de troupes légères ne laisse pas la latitude d'y placer des poches capables de recevoir ces choses qui sont indispensables, même un paquet de cartouches dans l'occasion.

Un *pistolet* à deux coups sans baguette; celle de la carabine servirait les deux armes.

Giberne de cavalerie légère. On adoptera un porte-mousqueton à droite et au bas du porte-giberne pour y fixer la carabine, si on le désire, avant ou après avoir fait feu, au moyen de l'anneau oblong qui est placé au bout de la courroie fixée à la naissance de la crosse, et qui, en marche, sert de bretelle.

Cuirasse légère en cuir ou feutre à l'épreuve de la balle. Le turban de la coiffure sera de cette matière.

Sabre à coquille, poignée courbée à la turc, afin que l'homme saisisse bien son arme et puisse en faire usage avec facilité et employer toute sa force. La lame de la longueur de celle des hussards; mais un peu plus ceintrée.

Cette forme de lame est préférable pour des troupes éminemment légères, telles que les éclaireurs, qui par leur genre de service auront occasion de sabrer beaucoup plus souvent que de pointer. Dans une déroute ou les éclaireurs sont particulièrement appelés à suivre activement l'ennemi, ils seront à portée de développer dix coups de sabre plutôt que de pointer une seule fois. La lame courbe se manie avec plus de facilité et est plus commode pour trouver et ramasser ses parades. Le sabre court laisse encore à l'éclaireur démonté la facilité de marcher aisément et de combattre à pied avec avantage au moyen de ses armes à feu.

MANŒUVRES ET SERVICE.

L'ordonnance sur le service et les manœuvres de la cavalerie est le résultat des méditations et de l'expérience d'une réunion de militaires d'un mérite aussi bien reconnu que distingué, à qui le mécanisme de l'art de la stratégie était familier, jusques dans ses moindres détails.

Le fonds de cet ouvrage scientifique doit donc, en ce qui tient à la cavalerie légère, être la base immuable des principes à donner aux éclaireurs à cheval : on ne peut ni on ne doit s'en écarter que forcément et avec beaucoup d'art et de ménagement.

Il devient cependant indispensable de régulariser quelques parties du service et des mamœuvres des éclaireurs, de les bien adapter et les faire coordonner avec le travail des légions d'infanterie, où ces compagnies doivent servir, afin de les rendre susceptibles de rendre tous les services qu'on doit attendre d'une organisation aussi essentielle.

Un des points principaux du travail des éclaireurs à cheval, est, en tout s'il se peut, de gagner de vîtesse dans l'exécution de ses manœuvres sur tous les autres corps de cavalerie légère, en précipitant les mouvemens qui en sont susceptibles, c'est-à-dire, en exécutant au trot ce qui se fait habituellement au pas; et au galop ce qui s'exécute ordinairement au trot: toutefois cependant qu'il y aura possibilité bien reconnue de le faire sans inconvénient.

Cette troupe étant destinée particulièrement à faire la guerre en tirailleurs, et à manœuvrer avec toute la célérité possible, on les habituera à tenir continuellement leurs chevaux un peu plus à l'aise, moins serrés enfin de six pouces que l'ordonnance le prescrit.

Il est donc utile d'instruire parfaitement les éclaireurs à cheval à marcher et à manœuvrer par rangs, à distances réglées, pour figurer des commencemens d'attaques et des retraites régulières et précipitées.

Dans cette position on instruira les hommes

au maniement des armes, aux différentes charges et à tous les genres de feu de la carabine et du pistolet, tant sur place qu'en exécutant des mouvemens.

On doit rendre les éclaireurs très-familiers aux marches et retraites par échelon et surtout à celle par échiquier, qu'on a plus souvent, à l'ennemi, occasion d'exécuter, soit en marchant en avant ou en se retirant : elle a des avantages réels, qu'on ne peut contester.

Les hommes du premier rang, dans les marches en échiquier, doivent constamment avancer les premiers à la distance qui leur est prescrite, s'y arrêter, ajuster avec précision et faire feu. Les éclaireurs du second rang les devanceront ensuite en passant au milieu des distances pratiquées le plus également possible, et iront s'arrêter et faire feu, lorsqu'ils auront dépassé les premiers de la même hauteur qu'ils l'avaient été.

Les retraites s'opèrent par les moyens contraires, ayant soin de retourner son cheval par un à gauche, et de se remettre en position par un à droite.

On tâchera, autant que possible, de composer les pelotons de seize hommes, nombre exact et qui s'allie parfaitement avec toutes les manœuvres de cavalerie.

Le commandant des éclaireurs fera sortir dix pas en avant le peloton ou les pelotons qu'il désignera pour se porter en tirailleurs. Il fera ensuite le commandement de : tel ou tel peloton : *en tirailleurs, marche*. A ce dernier commandement le premier éclaireur de droite se portera de suite à soixante pas en avant; le cavalier de droite du deuxième rang, qui suivait le premier, se portera à sa gauche et sur le même alignement, ainsi de suite.

Les tirailleurs, en se portant en avant, décrocheront et feront haut la carabine.

Lorsqu'on marchera en avant, les éclaireurs placés en tirailleurs, chargeront sur place, après avoir fait feu; et lorsqu'ils effectueront une retraite, ils ne rechargeront qu'après être remis en position.

Il ne s'agit ici que du feu de la carabine, le feu du pistolet ne devant avoir lieu que par ordre ou dans un cas imprévu ou désespéré.

Lorsque tout ou partie d'une compagnie d'éclaireurs sera employé à tirailler devant sa légion d'infanterie, on aura soin de lui en faire couvrir exactement tout le front.

La compagnie d'éclaireurs à cheval, étant toute entière en tirailleurs, le commandant voltigera derrière eux, et se portera où sa présence lui paraîtra nécessaire; il se fera accompagner de son adjudant-sous-officier ou de son maréchal-des-logis-chef, et toujours d'un trompette. L'un de ces sous-officiers lui sera souvent nécessaire pour la transmission de ses ordres, et pour correspondre avec le chef de la légion : ce dernier devrait avoir toujours près de lui un éclaireur pris dans les hommes les plus intelligens.

Les divisions seront marquées par pelotons autant que possible; la compagnie n'en aura jamais que deux; et le commandement de la première sera de droit au lieutenant en premier.

Le deuxième trompette se placera toujours entre le front de la légion et les éclaireurs en tirailleurs, à l'effet de répéter par la sonnerie les commandemens ou ordres du chef de la légion, qui seront annoncés par les tambours.

Je vais indiquer les diverses parties de l'ordonnance que les tambours exécuteront à cet effet, et qui seront immédiatement répétées par des sonneries analogues qu'exécutera le trompette placé intermédiairement, qui instruiront le commandant des éclaireurs et sa troupe des mouvemens qu'ils auront à faire.

SAVOIR :

Lorsque le commandant de la légion jugera à propos de faire *avancer* les éclaireurs, il fera battre *au champ :* les trompettes sonneront *la marche*.

Les tirailleurs commenceraient le feu à cette sonnerie, s'ils sont à portée.

Lorsqu'on voudra faire *arrêter* les tirailleurs

et qu'ils continuent à faire feu sur place, on fera *rappeler* les tambours, et les trompettes sonneront *un appel*.

Le commandant des éclaireurs à cheval en tirailleurs aura le plus grand soin d'observer les mouvemens de la légion pour s'y conformer.

Si la légion tourne à droite, il fera faire par cavalier à droite; et si la légion tourne à gauche, il fera exécuter aux tirailleurs le mouvement contraire.

Si la légion se porte *en arrière*, on battra et on sonnera *la retraite* qui devra toujours se faire en ordre et par échiquier, les cavaliers du premier rang se retireront les premiers en exécutant un demi-tour à gauche et en se portant à cinquante pas en arrière; ils se replaceront face en tête par un demi-tour à droite et rechargeront. Les cavaliers du deuxième rang opéreront leur retraite par les mêmes mouvemens, ayant attention de passer au centre des espaces pratiqués entre chaque éclaireur du premier rang pour aller se remettre en position et charger à cinquante pas en arrière des premiers.

Lorsque la légion se remettra dans son *ordre naturel*, le chef de la légion fera *rappeler*, les trompettes sonneront *un appel* : alors les tirailleurs s'arrêteront et se replaceront sur une même ligne, continuant à faire feu.

Lorsqu'on voudra faire *cesser le feu* des éclaireurs à cheval en tirailleurs, on fera un *roule-*

ment, et les trompettes sonneront *trois appels* consécutifs.

Lorsqu'on voudra *faire rentrer* promptement les éclaireurs derrière la légion, on battra *l'assemblée* et les trompettes sonneront *le ralliement.*

Dans tous les cas, les tirailleurs sortiront et rentreront au galop et par le chemin le plus court, c'est-à-dire, si la légion n'a qu'un bataillon, la division de droite des éclaireurs sortira et rentrera par la droite du bataillon et celle de gauche par la gauche.

Si la légion a deux bataillons (que l'on suppose ici toujours en bataille), les éclaireurs sortiront et rentreront par l'intervalle qui sépare les deux bataillons.

Et si la légion a trois bataillons, les éclaireurs de la première division sortiront et rentreront par l'intervalle du premier au deuxième bataillon ; et les éclaireurs de la deuxième division par l'intervalle du deuxième au troisième bataillon.

Les éclaireurs rentrant au galop se mettront au trot lorsqu'ils arriveront à dix pas du front de la légion ; et s'ils prévoient le moindre encombrement pour traverser l'intervalle, ils mettront leurs chevaux au pas, et s'arrêteront même au besoin pour éviter de blesser ou de déranger seulement les dernières files d'encadrement qui forment les intervalles.

Les éclaireurs rentrés se formeront promptement en bataille à quarante pas en arrière de la légion.

On doit exercer souvent les éclaireurs à se rallier avec facilité. Si la compagnie d'éclaireurs s'exerce seule, elle doit faire figurer la légion par quelques hommes placés à une distance de quatre à cinq cents pas, et faire sonner le boute-charge : à ce signal les éclaireurs se disperseront en tirailleurs, et feront le simulacre des feux.

Lorsque le commandant des éclaireurs fera sonner le ralliement, les cavaliers rejoindront promptement l'endroit désigné où ils se reformeront en peloton et reprendront leur rang.

Le ralliement doit se faire en silence ; les éclaireurs qui arriveront les derniers passeront par derrière les rangs déjà formés.

Aussitôt que le commandant des éclaireurs aura réuni les deux tiers au moins de ses tirailleurs, il portera sa compagnie en avant. La première fois il fera exécuter ce mouvement au pas, ensuite au trot. Enfin, lorsqu il sera assuré que les éclaireurs savent parfaitement ce qu'ils ont à exécuter pour se rallier sans désordre, on fera marcher la compagnie au trot et au galop, après l'avoir ralliée : ensuite on la fera charger.

Feu de chaussée.

Je suppose une route ordinaire, et alors on ne peut guère manœuvrer que sur huit de front, pour conserver toute l'aisance possible et nécessaire dans les feux.

Lorsqu'on marchera en avant, les huit hommes du premier rang du premier peloton se porteront en avant, au commandement qui leur en sera fait par le chef des éclaireurs, qui se tiendra toujours à la hauteur du rang de chaque peloton à marcher, et qui leur indiquera l'allure qu'ils doivent prendre ainsi que la distance où ils doivent s'arrêter pour faire feu. Ensuite, et sans attendre de commandement, les quatre hommes de droite du rang qui vient de faire feu feront un à droite par cavalier, et les quatre éclaireurs de gauche, un à gauche pour aller se reformer promptement derrière le dernier peloton de la compagnie, à distance de peloton, où étant arrivés ils rechargeront leurs armes.

Le commandant des éclaireurs indiquera à chaque rang à marcher la distance où il devra s'arrêter pour exécuter son feu, et ainsi de suite (1).

---

(1) J'ai vu exécuter de ces feux de chaussée dans une retraite, par deux régimens de hussards de Poméranie, au service de la Prusse; le calme et la précision qu'ils mirent dans cette utile manœuvre prévint leur perte, en retardant l'élan de notre cavalerie légère. L'effet de cette résistance serait plus certain encore si les éclaireurs avaient quatre coups à tirer avant d'exécuter leur demi-tour.

Les mêmes mouvemens s'exécuteront dans les retraites en commandant seulement aux éclaireurs qui se retireront après avoir fait feu, de se rallier et se remettre en position, à telle distance jugée nécessaire en arrière du dernier peloton.

Si les distances ou la nature du terrain ne permettaient pas d'exécuter ces mouvemens de la manière ci-dessus indiquée, le commandant des éclaireurs indiquerait d'avance aux hommes de rangs prêts à marcher ce qu'ils auraient à exécuter à la distance où se trouverait l'obstacle.

Par exemple, si la route était trop étroite et qu'il n'y eut de la place que d'un côté seulement, le commandant ordonnerait, qu'après avoir fait feu, les rangs entiers de chaque peloton feraient par cavalier à droite ou à gauche, suivant les convenances locales.

L'ordonnance de la cavalerie emploie de préférence la dénomination de flanqueurs pour qualifier toutes espèces de tirailleurs : le mot fait peu à la chose; mais je pense que les éclaireurs ne doivent l'employer que lorsqu'il s'agit de couvrir le flanc de la troupe qu'ils doivent protéger, particulièrement dans l'exécution d'une marche en colonne.

Si la légion n'est insultée sur ses flancs que par un léger parti de tirailleurs ennemis qui ne soient point soutenus de très-près par un gros de troupe très-supérieur à la totalité de la compagnie d'éclaireurs, on pourra détacher deux pelotons (le premier seulement en tirailleurs) pour charger ces tirailleurs et nettoyer la plaine (1).

Le reste de la compagnie échelonnerait ce dernier peloton par une marche plus oblique encore, et dans une attitude d'assurance, le premier rang haut la carabine et prêt à faire feu, si un ou plusieurs pelotons ennemis se présentaient pour soutenir ses tirailleurs.

Je dis dans une attitude d'assurance, en raison de l'armure que je désire qu'on donne aux éclaireurs, et que même sur un rang, une troupe ainsi armée, peut attendre l'ennemi de pied ferme, faire feu des deux coups de carabine à trente pas, et de deux coups de pistolets à quinze pas; ce qui, exécuté avec autant de calme que d'habileté porterait un dommage réel dans les rangs de cavalerie qui se présenteraient: sauf après l'exécution de ces feux, à éviter par la légèreté un choc qu'on ne jugerait pas soutenable.

Il y a pour tirailler et flanquer des principes immuables et certains qui rentrent dans le

---

(1) J'ai eu souvent occasion de remarquer que lorsqu'une colonne d'infanterie est harcelée sur ses flancs les soldats sont inquiets, tournent constamment la tête en arrière ou sur le côté d'où ils prévoient le danger, ce qui les distrait et les empêche d'écouter et d'exécuter avec précision ce qui leur est commandé. Les éclaireurs sont encore appelés à faire cesser cet inconvénient, en couvrant bien les flancs de la colonne qu'ils ont à protéger.

domaine de la stratégie; mais cependant ces moyens généraux, quoique bien indiqués et devant faire la base de l'instruction première, ne sont pas exclusifs, et peuvent, suivant les circonstances, être susceptibles de changemens, de réduction ou d'augmentation. Les variétés et les chances auxquelles un corps d'éclaireurs est exposé aux avant-postes, obligent souvent les chefs à prendre une prompte détermination puisée dans leur expérience et leur sagacité.

On doit éviter que les éclaireurs courent sans ordres sur les tirailleurs ennemis, ni qu'ils engagent ou provoquent inconsidérément des combats singuliers qui ne décident en rien du succès d'une affaire, même dans le cas de la plus valeureuse comme de la plus imprudente réussite, et peuvent quelquefois contrecarrer des desseins aussi sages que bien médités.

On ne doit jamais faire de vivres, fourrages, etc., que par réquisition. Ce moyen évite les abus inséparables du désordre et du tumulte qui donnent naissance à une inutile prodigalité.

Le soldat mal discipliné et qu'on laisse agir de sa propre autorité en profite souvent pour vexer l'habitant; et, se trouvant isolé, il en exige quelquefois de l'argent ou des effets, ce qui change l'indisposition naturelle qu'on a pour la troupe qui occupe un pays étranger, en une haine implacable, qui n'attend que l'occasion favorable pour en faire ressentir les funestes effets. Ordonner le pillage est un crime, le tolérer individuellement est un abus aussi horrible que déplorable.

Le commandant des éclaireurs doit avoir le soin de s'entendre souvent avec le chef du corps dont il éclaire la marche ou les mouvemens; de bien s'identifier avec ses projets; d'exécuter avec un zèle actif et avec la plus minutieuse précision tout ce qu'il aura ordonné pour en assurer le succès.

Les éclaireurs ne doivent jamais perdre de vue qu'ils ne sont que des voltigeurs; que c'est aux troupes de bataille à soutenir les grands chocs; qu'ils ne doivent s'engager aucunement dans les affaires majeures à moins d'un cas extraordinaire et désespéré : la nécessité étant au-dessus de toutes les règles.

Les éclaireurs à cheval peuvent être placés très-utilement dans un carré d'infanterie, pour en soutenir les angles et les fronts menacés; leur feu habilement dirigé par-dessus les rangs, à l'approche de l'ennemi, doit contribuer pour beaucoup à sa défaite, d'autant mieux que les éclaireurs ont chacun quatre coups à tirer, et qu'en cas de récidive de charge contre le carré, les éclaireurs du deuxième rang passeraient leurs carabines et leurs pistolets chargés à ceux du premier rang, et rechargeraient les armes qui auraient fait feu.

Cette force physique que donnera l'appui de

deux rangs de cavaliers aussi utilement armés, est incontestable, comme la confiance morale que ce soutien donnera aux hommes de l'infanterie.

Les blessés pourront encore être placés en croupe des éclaireurs, au moyen de la forme que je donne aux selles et à la suppression du porte-manteau.

Le commandant des éclaireurs ne doit jamais établir un bivouac à l'avancée sans avoir par lui-même reconnu les positions environnantes, et s'être assuré que sa légion est à l'abri de toute surprise.

Dans l'établissement de ses bivouacs il doit se faire accompagner par une partie des officiers ou sous-officiers sous ses ordres, particulièrement choisis dans ceux susceptibles de faire quelque service dans la nuit ou d'être envoyés en reconnaissance; et informer de suite le chef de sa légion des dispositions qu'il aura prises.

Dans toutes les reconnaissances, marches précipitées, recherches de vivres, fourrages, etc., qui nécessiteront la séparation momentanée des éclaireurs de leur légion, on tâchera autant que possible de laisser entre lui et ce corps, de distance en distance, des éclaireurs, sur l'intelligence desquels on peut se remettre, avec ordre de faire des feux convenus en cas d'apparition de l'ennemi, et pour être continuellement assuré qu'il n'est point coupé de sa légion, et en avoir promptement des nouvelles.

Une compagnie seule doit se ménager pour être long-temps utile; et ses pertes, en hommes, pourront encore se réparer si, par un zèle aussi louable que bien entendu, le chef de la légion, de concert avec celui des éclaireurs, ont formé des hommes de l'infanterie à l'exercice du cheval et aux manœuvres des éclaireurs : ces hommes seraient d'une grande ressource pour entretenir les éclaireurs au complet.

Le commandant des éclaireurs doit se faire un plaisir plutôt qu'un devoir d'être à la tête de son école d'instruction, et doit rendre ses subordonnés capables de le remplacer dignement au besoin.

La valeur a ses règles puisées dans les connaissances de l'art militaire, de l'expérience unie à la sagesse; ce qui me fait conseiller aux éclaireurs d'attendre le moment opportun, et ne saisir que bien à-propos l'occasion de charger à fonds en corps et offensivement, loin de la rechercher pour le vain désir de briller : orgueil souvent funeste.

Enfin, les officiers doivent se bien pénétrer qu'ils commandent à des hommes du sang desquels ils doivent être avares et dont la perte est irréparable : qu'ils en sont moralement responsables envers la patrie et le souverain qui les a confiés autant à leur sagesse qu'à leur commandement.

Si le commandant et les officiers d'éclaireurs

doivent prudemment éviter tous combats dont l'issue ne serait point certaine d'après les calculs d'une probabilité reconnue, et ne présenteraient point de résultats avantageux, il doit aussi mettre tout en usage pour se rendre le tourment et la terreur de l'ennemi qui lui est opposé, d'abord en le harcelant continuellement, et en ne lui laissant que le moins de repos possible : ensuite cent et mille moyens sont propres à conduire et à attendre le second but; et tous sont, ensuite des connaissances indispensables, puisés dans la sagacité et dans l'expérience raisonnée des chefs.

Les succès ont presque toujours le besoin d'être préparés; et pour les obtenir à la guerre, il faut bien étudier son ennemi, le tromper, le surprendre, ne le point craindre et s'en faire redouter : communiquer le sentiment de la vraie valeur aux soldats, les en pénétrer même; unir la conservation de leur honneur à l'amour sacré de la patrie et du Roi : enfin, dans les occasions propices, il faut les mener à l'ennemi franchement et tomber dessus avec cette impétuosité militairement nationale et française, animant les soldats au milieu des combats du geste et de la voix, et par-dessus tout de l'exemple : les hommes, les chevaux même s'animent à la voix des guerriers : la première musique militaire fut le cri de guerre.

Convenez toujours d'un lieu de retraite en cas

de mésaventure; indiquez-en même un second en cas que le premier vous soit empêché.

Les officiers ne doivent point dédaigner de mettre leurs subordonnés dans leur confidence, en ce qui tient aux attaques, combats, etc., toutefois cependant que le bien du service ne pourrait s'en trouver compromis: cette marque de confiance plaît aux soldats; la valeur, la franchise et l'affabilité vous concilient leur estime, doublent leurs forces et les vôtres, qui sont celles de la patrie; enfin, aimez-les, ils vous aimeront, et serviront le Roi avec orgueil et plaisir.

Il est essentiel d'exercer, à pied, les éclaireurs à l'usage de l'escrime; mais de cette escrime simple, et basée sur des principes aussi bien entendus que raisonnés. Une fois qu'ils posséderont moralement le degré nécessaire de connaissances pour bien faire usage de leur arme, ils l'exécuteront promptement à cheval avec assurance, s'ils réunissent les qualités et l'instruction d'un bon cavalier.

Après avoir mis en usage tout ce qui est prescrit dans l'ordonnance de la cavalerie, sur la course des têtes et les diverses charges, on peut encore utilement, pour l'instruction particulière de l'escrime, faire usage des principes contenus dans le traité de M. le lieutenant-colonel Châtelain.

La formation d'une école centrale d'éclaireurs à cheval serait, je pense, à désirer: les officiers, sous-officiers et soldats y recevraient une instruction uniforme, et serait une pépinière utile en hommes et en chevaux.

Cette école ayant un plus grand nombre d'élèves qu'en chevaux, donnerait la facilité d'instruire les hommes à pied et à cheval, en alternant l'instruction de manière que la moitié des élèves dont le jour de travail ne serait point à cheval, serait exercée et figurerait le corps d'infanterie près lequel chaque compagnie d'éclaireurs a cheval est appelée à servir.

Si les moyens que je propose obtenaient l'assentiment de l'autorité, il serait facile d'établir un guide d'instruction pour l'école des éclaireurs à cheval. On n'aurait besoin pour cela que d'extraire de l'ordonnance, sur la cavalerie, ce qui est nécessaire à l'instruction et aux manœuvres propres aux éclaireurs, en y adoptant les changemens reconnus nécessaires pour mettre ce corps à même de rendre tous les services qu'on doit en attendre.

L'ordonnance de la cavalerie, ne disant rien sur l'ensemble des qualités et des défauts extérieurs des chevaux, j'ai cru que ce travail instructif pourrait utilement trouver sa place à la suite de cet Essai, et c'est ce qui m'a déterminé à l'y joindre.

DU CHEVAL,

CONSIDÉRÉ EXTÉRIEUREMENT.

Comme toutes les parties du cheval sont sujettes aux maladies, il est à propos de donner la dénomination de chaque partie extérieure, afin de mettre les cavaliers à portée de connaître, nommer, déterminer et montrer l'endroit affecté ; c'est pourquoi il est utile de connaître la division des parties du cheval, considéré extérieurement.

DÉNOMINATION DES PARTIES EXTÉRIEURES DU CHEVAL.

Le cheval, considéré extérieurement, se divise en avant-main, en corps, et arrière-main.

L'*avant-main* est composée de la tête, du col, du garot, du poitrail, et des jambes de devant.

Dans la *tête*, on considère la nuque, le toupet, les oreilles, les tempes, le front, les salières, les yeux (on distingue dans les yeux le grand et le petit angle, les paupières, les cils et l'onglet), le chanfrein, les joues, les naseaux, la bouche, la lèvre supérieure, la lèvre inférieure, la commissure des lèvres, les avives ou glandes parotides, la mâchoire inférieure, le menton et la ganache.

Le col comprend la crinière et le gosier; le poitrail est formé du devant de la poitrine et de la fossette.

Les jambes de devant sont composées chacune de l'épaule, du bras, du coude, de l'avant-bras, de la chataigne, du genouil, du canon, du tendon appelé vulgairement *nerf*, du boulet, du fanon, de l'ergot, du paturon, de la couronne, de la muraille, de la pince, des quartiers, des talons, de la solle de la pince, la solle des talons, et de la fourchette.

Le corps est composé de la poitrine et du ventre, la poitrine est composée du dos et des côtes.

Le ventre est composé des reins, des flancs, de la verge; et du fourreau dans les chevaux, et des mamelles dans les jumens.

L'arrière-main comprend la croupe, les hanches, les fesses, le tronçon de la queue, l'anus, le vagin dans les jumens, les aînes, la cuisse, le plat de la cuisse, le grasset, la jambe, le jarret, la chataigne, le canon, le boulet, le fanon, l'ergot, le paturon, la couronne, la muraille, la pince, les quartiers, les talons, la solle de la pince, la solle des talons, et la fourchette.

DE LA BEAUTÉ DES PARTIES EXTÉRIEURES DU CHEVAL.

La beauté d'un cheval consiste dans la conformation et dans la juste proportion de ses parties extérieures. Comme il est dangereux, dans le choix d'un cheval, de se laisser séduire par la figure, par un je ne sais quoi qui plait, qui souvent fascine les yeux, et empêche qu'on n'examine d'assez près et qu'on ne détaille toutes ses parties, il faut suivre en cela les conseils de M. de

Soleysel, auteur du *Parfait Maréchal*, qui dit que : Lorsqu'on veut acheter un cheval, il faut se prévenir contre, afin d'être juge sévère de tous ses défauts.

DE LA BEAUTÉ ET DES DÉFAUTS DES PARTIES DE L'AVANT-MAIN.

Après avoir donné la définition de toutes les parties extérieures du cheval, il faut examiner maintenant, en suivant le rang que nous avons donné à chacune d'elles, seulement celles qui contribuent à la beauté ou à la difformité du cheval.

De la Tête.

Une belle tête, en général, est petite, sèche, courte, et bien placée; quand elle a ces qualités, on voit ordinairement des ramifications de veines qui règnent le long de la tête, descendant depuis les yeux jusqu'aux deux côtés des naseaux, ce qui embellit beaucoup cette partie.

Il faut qu'elle soit petite, parce que les têtes grosses et carrées, outre leur difformité, pèsent ordinairement à la main.

Elle doit être sèche, car celles qui sont chargées de chair, qu'on nomme têtes grasses, sont sujettes au mal des yeux. Il ne faut cependant pas qu'elles soient si sèches, qu'elles soient privées de toute nourriture, car elles seraient encore plus sujettes au mal des yeux qu'une tête grasse.

Il faut que la tête soit un peu courte, les têtes trop longues qu'on appelle têtes de vieilles, sont difformes, quoique la plupart des chevaux des meilleures races d'Andalousie pèchent par cet endroit, mais on leur passe ce manque de beauté, en faveur de leurs rares qualités.

Il y a des têtes qui sont grosses d'ossemens, qui pêchent contre la beauté seulement et non contre la bonté.

La tête d'un cheval, pour être bien placée, doit tomber perpendiculairement ou d'à-plomb, du front au bout du nez; lorsqu'elle sort de la perpendiculaire en avant, on appelle ce défaut, tendre le nez, porter au vent, tirer à la main; et lorsqu'elle vient en-deçà, et que le cheval baisse le nez et la tête, il pèse ordinairement à la main; s'il se ramène trop et que la branche de la bride appuie contre le gosier, c'est ce qu'on appelle un cheval encapuchonné.

Il y a encore un défaut qu'on appelle tête mal-attachée, c'est lorsque la partie supérieure de la tête qui est entre les deux oreilles, se trouve plus élevée que l'encolure.

Des Oreilles.

La forme des oreilles, leur situation et leur mouvement, sont les principales choses à examiner dans cette partie.

Un cheval doit avoir les oreilles petites et déliées; quand elles sont trop épaisses, larges et pendantes, ce défaut fait nommer le cheval, oreillard. Beaucoup de chevaux d'Espagne et des meilleurs ont les oreilles longues, mais pour l'ordinaire elles sont bien placées, ce qui en corrige le défaut.

Les oreilles bien placées doivent être au haut de la tête, peu distantes l'une de l'autre. Quand un cheval marche, il doit avoir les oreilles avancées; cette situation donne un air d'effronterie qui sied parfaitement bien à un cheval.

Par le mouvement des oreilles, on juge du naturel d'un cheval. Ceux qui sont colères ou malins, portent une oreille en avant, et l'autre couchée en arrière, continuant ce mouvement alternativement. Comme cette partie est le siège de l'ouie, un cheval porte les oreilles du côté où se fait le bruit; si on le frappe sur la croupe, il tourne les oreilles vers le dos; et s'il est effrayé de quelque objet par-devant, il les porte en avant et baisse les pointes; si le bruit se fait à côté de lui, il tourne l'oreille de ce côté: mais le plus beau port d'oreilles, la situation la plus noble et la plus belle, c'est en marchant les pointes des oreilles hautes et en avant, ce qui forme, comme nous venons de le dire, l'oreille hardie, parce que le cheval regarde fièrement ce qui se présente à lui.

Du Front.

La beauté du front d'un cheval est d'être un peu étroit et bien uni, ensorte qu'il ne soit ni trop avancé, ni trop enfoncé. Les têtes qui ont le bas du front un peu avancé, s'appellent têtes *busquées* ou *moutonnées*, comme le sont celles de la plupart des chevaux anglais, des barbes et de ceux nés dans les pays orientaux ou de leur race.

Un défaut essentiel contre la grâce, c'est lorsque le cheval a le front bas et enfoncé; on appelle ces chevaux, *camus*.

Une marque qui embellit beaucoup la tête du cheval et qui lui donne de la grâce, c'est lorsqu'il a, au milieu du front, une étoile ou pelotte blanche : cela doit s'entendre des chevaux noirs, bais ou alezans, ou qui ont un poil tirant sur le brun.

Presque tous les chevaux ont encore au milieu un épi, ou molette; c'est le nom qu'on donne au retour de poil qui, au lieu d'être couché comme il l'est par tout le corps, remonte d'un sens opposé. Il s'en trouve de semblables aux flancs, au poitrail et en d'autres endroits.

Des Salières.

La seule belle qualité que doivent avoir les salières, c'est d'être pleines et même un peu relevées; lorsqu'elles sont enfoncées et creuses, c'est le défaut des vieux chevaux. Il se trouve pourtant quelques jeunes chevaux qui ont cette imperfection; mais, par ce signe, on connaît qu'ils sont engendrés de vieux étalons.

Des Yeux.

La plus belle partie de la tête du cheval, c'est l'œil; cette partie est aussi difficile que nécessaire à connaître.

L'œil doit être clair, vif et effronté, ni trop gros, ni trop petit, placé à fleur et non hors de tête. Un cheval qui a de gros yeux sortans de la tête a ordinairement l'air morne et stupide, et ceux qui les ont trop petits et enfoncés (on les appelle *yeux de cochon*), ont le regard triste et souvent la vue mauvaise.

Telles sont les remarques générales que l'on doit faire d'abord sur les yeux; ensuite de quoi il est nécessaire de les examiner plus en détail; et pour en faire l'examen rigoureux et en juger sainement, il faut, si le cheval est dans un lieu obscur, le faire conduire dans un lieu bien clair, et là, lui regarder les yeux l'un après l'autre, de côté et non vis-à-vis; il ne faut pas non plus les regarder au soleil, au contraire, il faut mettre la main au-dessus de l'œil pour rabattre le grand jour et empêcher la réflexion.

Les deux parties de l'œil les plus essentielles à connaître et qu'il faut examiner avec le plus de soin, sont la vitre et la prunelle.

La vitre est la partie extérieure de l'œil, et la prunelle est la partie interne, ou le fond de l'œil.

C'est de l'exacte considération de la vitre que dépend la parfaite connaissance de l'œil; elle doit être claire et transparente, en sorte qu'on puisse voir la prunelle sans aucun empêchement. Lorsque cette partie est trouble et couverte, c'est signe que le cheval est lunatique, c'est-à-dire qu'il lui survient des fluxions de temps à autre sur l'œil; et lorsque la fluxion a endommagé un œil, il devient plus petit que l'autre, alors il est perdu sans ressource, puisqu'il se dessèche. Quelquefois un œil devient plus petit que l'autre parce que par quelqu'accident la paupière a été fendue, et qu'en se rejoignant elle reste plus serrée; mais il est rare que cela arrive, et il est aisé de ne s'y pas tromper en examinant si l'œil n'est ni trouble, ni brun.

Lorsqu'un cheval jette la gourme, change les dents de lait, ou pousse les crochets d'en haut, il arrive souvent que la vue lui devient aussi trouble que s'il était borgne ou aveugle; mais lorsqu'il est guéri, sa vue s'éclaircit; quelquefois aussi par ces accidens un cheval perd entièrement la vue.

La prunelle, qui est la seconde partie de l'œil, doit être grande et large; il faut qu'on puisse l'apercevoir distinctement.

Il vient quelquefois au fond de l'œil une tache blanche qu'on appelle *dragon*, qui, quoique très-petite dans le commencement, couvre avec le temps la prunelle et rend le cheval borgne sans qu'on y puisse apporter aucun remède.

Un autre défaut, qu'on appelle *œil-cul-de-verre,* c'est lorsque la prunelle est d'un blanc verdâtre et transparent; quoiqu'un cheval ne soit pas toujours borgne avec ce défaut, il court grand risque de le devenir. Lorsqu'il y a plus de blanc que de verdâtre, on l'appelle *véron;* il donne au cheval un air méchant et traître.

Nous ne ferons point ici un plus grand détail des accidens qui arrivent aux yeux, ni aux autres parties dont nous allons décrire les défauts, parce qu'on se réserve d'en parler plus amplement dans la troisième partie de cet ouvrage qui traite des maladies.

De la Ganache.

Les deux os qui composent la ganache doivent être peu charnus à l'extérieur, c'est-à-dire à chaque côté de la mâchoire inférieure; et l'entre-deux qui est la partie qui touche au gosier, que quelques écuyers appellent la *breye*, et quelques maquignons, l'*auget*, doit être bien ouvert et bien évidé, afin que le cheval ait la facilité de bien placer sa tête.

La ganache carrée est une difformité qui provient de ce que les deux os qui la forment sont trop gros, trop ronds ou trop chargés de chair : si avec cela ils sont serrés l'un près de l'autre, enfin qu'il n'y ait point assez de vide et d'espace pour que le cheval puisse loger sa tête, il aura beaucoup de peine à se ramener, à moins qu'il n'ait l'encolure fort longue, peu épaisse et relevée.

Lorsque l'entre-deux des os de la ganache n'est pas bien évidé, et qu'on y trouve quelques grosseurs ou glandes, c'est ordinairement un signe de gourme quand le cheval n'a pas passé six ans; si le cheval a passé sept ans et que la glande soit douloureuse, et attachée à un des os de la ganache, c'est presque toujours un signe de morve.

On trouve quelquefois dans cette partie plusieurs petites grosseurs qui sont une suite de rhume ou morfondement; mais elles ne sont point dangereuses, un travail médiocre les dissipe.

De la Bouche et de ses parties extérieures.

L'ouverture ou plutôt la fente de la bouche doit être proportionnée à la longueur de la tête, en sorte qu'elle ne soit ni trop fendue, ni trop petite. Quand la bouche est trop fendue, le mors va trop avant dans la bouche du côté des dents machelières, ce que l'on appelle *boire la bride* : lorsqu'elle n'est pas assez fendue, le mors ne peut porter en son lieu, sans faire froncer les lèvres.

Ce que l'on entend par une belle bouche, c'est lorsque le cheval étant bridé, elle devient fraîche et pleine d'écume, c'est une qualité qui dénote un bon tempérament. On dit d'un tel cheval qu'il goûte bien son mors.

Des Lèvres.

Il faut que les lèvres soient peu épaisses et menues, à proportion de la bouche; quand elles sont trop grosses et trop charnues, elles couvrent les barres, et empêchent l'effet du mors; c'est ce qu'on appelle *s'armer de la lèvre.*

Des Naseaux.

Un cheval doit avoir les naseaux ouverts, parce que la respiration en est plus facile; cependant ce n'est pas toujours de cette ouverture des naseaux que dépend la liberté de la respiration, mais de la bonne constitution des poumons; ainsi il n'est pas toujours sûr de fendre les naseaux, dans la vue de faciliter la respiration à certains chevaux, comme les hussards et les Hongrois le pratiquent.

Cette opération ne produit qu'un seul avantage, qui ne laisse pas d'être quelquefois utile à la guerre ; c'est qu'on dit que les chevaux qui ont les naseaux fendus ne peuvent plus hennir. Lorsqu'un cheval se broue en marchant et que l'on voit dans le creux de ses naseaux un vermeil, c'est signe qu'il a le cerveau bien constitué.

De la Barbe.

La barbe que quelques-uns appellent *barbouquet*, est une partie qui contribue autant à la bonté de la bouche d'un cheval, que les barres, puisque c'est l'endroit où la gourmette fait son effet, laquelle doit porter également partout ; il faut pour cela que la barbe ne soit ni trop plate, ni trop relevée. Si la barbe était trop plate, c'est-à-dire que les deux os qui la composent fussent trop éloignés l'un de l'autre et peu élevés, la gourmette n'appuierait qu'aux deux côtés et point dans le milieu ; si au contraire les deux os étaient trop élevés et près l'un de l'autre, la gourmette n'appuierait que dans le milieu, et alors l'effet en serait trop sensible au cheval, et lui ferait donner des coups de tête. Il faut encore pour la perfection de cette partie, qu'il y ait peu de chair et de poil, et rien que la peau, pour ainsi dire, sur les os, ce qui rend la barbe plus sensible. Lorsque cette partie est blessée, ou qu'il s'y trouve de la dureté et des calus, c'est signe, ou qu'un cheval appuie trop sur son mors, ou que la gourmette est mal faite, ou qu'elle a été mal placée, mais plus ordinairement que le cavalier a la main rude.

De la Langue et des autres parties intérieures de la Bouche.

Il faut que la langue d'un cheval soit logée dans le canal, c'est pourquoi elle doit être de même que les lèvres, menue et déliée, parce que si la langue était trop épaisse et qu'elle débordât par-dessus les barres, cela ôterait l'effet du mors sur cette partie, et rendrait l'appui sourd ; il faut examiner si elle n'est pas coupée par l'embouchure, accident qui supposerait ou une mauvaise bouche, ou souvent la rudesse de la main du cavalier.

Deux autres choses désagréables qui se rencontrent quelquefois dans cette partie, c'est qu'elle pend d'un côté ou de l'autre, et sort de la bouche, ou qu'elle passe par-dessus le mors quand un cheval marche.

Du Palais.

Ce qu'on doit rechercher au palais d'un cheval, c'est qu'il soit un peu décharné; si les sillons étaient trop gras et trop épais, cette partie serait chatouilleuse et le mors en y touchant ferait que le cheval battrait à la main, et donnerait des coups de tête; il faut remarquer que le palais d'un jeune cheval est toujours plus gras que celui d'un vieux, et à mesure que le cheval avance en âge, les sillons du palais et les gencives se décharnent.

Des Barres.

Les barres sont la partie de la bouche qu'il faut examiner avec plus de soin, puisque c'est l'endroit où se fait l'appui du mors; les meilleures qualités qu'elles puissent avoir, sont d'être assez élevées pour que la langue puisse se loger dans le canal sans déborder sur les barres, et d'être un peu décharnées parce qu'elles en sont plus sensibles; il ne faut pourtant pas qu'elles soient trop tranchantes, car alors le cheval serait sujet à battre à la main par leur trop de sensibilité: lorsque les barres sont basses, rondes et trop charnues, c'est un défaut qui rend cette partie moins sensible, et qui fait que le mors n'a pas tant d'effet.

De l'Encolure.

Une belle encolure doit être longue et relevée; il faut qu'en sortant du garrot, elle monte en forme de col de cygne jusqu'au haut de la tête, qu'il y ait peu de chair près la crinière, cela forme ce qu'on appelle *encolure tranchante;* elle serait défectueuse si avec cela elle n'était proportionnée à la taille du cheval, car lorsqu'elle est trop longue et trop menue, trop molle et trop effilée, les chevaux donnent ordinairement des coups de tête; si au contraire elle était trop courte, trop épaisse et trop charnue, le cheval pèserait à la main. On remarque que la plupart des jumens des barbes et autres des pays orientaux, sont sujettes à avoir l'encolure effilée, et que les chevaux entiers et ceux qui sont nés dans des climats humides, et qui ne sortent pas d'étalons barbes, ou autres de cette espèce, ont l'encolure épaisse et charnue.

Il y a trois espèces d'encolures mal faites, savoir : les encolures renversées, les encolures fausses, et celles qu'on appelle *penchantes.*

Les encolures renversées, qu'on appelle *encolures de cerf,* parce qu'elles sont faites comme l'encolure de cet animal, sont celles dont la rondeur qui doit prendre depuis le garrot jusqu'au haut de la tête le long de la crinière, se trouvent au-dessous le long du gosier. Les chevaux qui ont ce défaut sont difficiles à emboucher, parce qu'il est difficile que la branche de la bride ne porte sur le gosier, ce qui ôte l'effet du mors.

L'encolure fausse est celle qui tombe à-plomb et perpendiculairement depuis l'entre-deux de la ganache, le long du gosier, jusqu'au poitrail, au lieu de venir en talus; et dans la partie supérieure auprès du garrot où commence la crinière, il y a un enfoncement qu'on appelle *coup de hache,* qui empêche l'encolure de sortir directement du garrot; ce défaut n'est pas si considérable que celui des encolures renversées.

Les encolures penchantes sont celles qui tombent d'un côté ou d'un autre, ce qui arrive aux chevaux qui ont l'encolure trop épaisse et trop charnue près de la crinière; ce défaut ne se trouve guère qu'aux vieux chevaux, surtout si on leur laisse les crins trop épais, et plus ordinairement aux chevaux entiers qu'à ceux qui sont hongres. C'est pour cela qu'il ne faut pas laisser la crinière trop garnie dans sa racine, et l'on doit avoir soin d'arracher les crins par dessous, afin qu'ils soient déliés et longs, cela contribue à la beauté de la crinière : d'ailleurs, les crinières trop épaisses sont sujettes à la crasse qui engendre la gale, si l'on n'a soin de les laver tous les jours à fond et non superficiellement, afin de bien nettoyer la racine des crins.

Du Garrot.

Il faut que le garrot soit élevé, long et décharnu, en sorte qu'il n'y ait pour ainsi dire que la peau sur les os : non-seulement ces qualités dénotent la force du cheval, mais elles lui rendent les épaules plus libres, et elles sont nécessaires pour empêcher le cheval de tomber sur les épaules : cela causerait de grands accidens dans cette partie. Lorsque le garrot est rond et trop charnu, il est très-sujet à se blesser, et la plaie est longue et dangereuse dans cet endroit.

Quoique le garrot élevé soit une qualité à estimer dans un cheval de selle, il faut prendre garde qu'il ne le soit trop pour les chevaux qui portent la trousse de fourrage à l'armée et aussi pour les chevaux de bât, car les uns et les autres sont très-sujets à être estropiés dans cette partie.

Des Épaules.

Les épaules pour être bien faites doivent être plates, peu charnues, larges, libres et mouvantes; les défauts contraires à ces qualités sont lorsqu'un cheval est, ou trop chargé d'épaules, ou trop serré, ou lorsqu'il les a chevillées.

On appelle un cheval chargé d'épaules lorsqu'il les a trop grosses, charnues et rondes, et quand le joint de l'épaule, qui est l'endroit où porte le poitrail de la selle, est trop avancé et qu'avec cela il y a trop de distance d'un bras à l'autre, ce qui provient aussi de ce que la poitrine est trop large, ou trop ouverte. Un cheval trop chargé d'épaules est sujet à broncher, à moins qu'il ne les ait naturellement mouvantes : ainsi les chevaux qui ont ce défaut ne sont pas bons pour la selle ; mais ils sont excellens pour le tirage, parce qu'ils donnent mieux dans le collier et qu'ils ne sont pas sujets à être écorchés par les harnois.

Il y a des chevaux qui ne paraissent pas chargés d'épaules par devant et qui le sont dans l'endroit où portent les arçons de devant de la selle ; lorsque cette partie est épaisse de chair, le cheval n'est pas si libre des épaules et n'est pas propre pour la chasse, ni pour les courses de vîtesse, quoiqu'il puisse servir à d'autres usages.

On doit remarquer que le défaut d'avoir beaucoup d'épaules, qui est très-considérable pour quelques chevaux français, est une qualité à estimer dans les chevaux d'Espagne, dans les barbes ou autres nés dans les pays orientaux, ou dans les poulains qui sortent d'étalons nés dans ces climats, parce que ceux-ci pèchent ordinairement pour avoir les épaules trop serrées.

Le cheval trop serré d'épaules est celui qui n'a pas la poitrine assez ouverte, en sorte que se trouvant trop peu de distance d'un bras à l'autre, les épaules sont trop serrées l'une près de l'autre. Ce défaut est très-considérable; car les chevaux qui n'ont pas assez d'épaules manquent de force ordinairement, ne peuvent pas bien déployer le bras pour galoper, sont sujets à tomber sur le nez, à se croiser et se couper en marchant. Les Anglais, qui sont très-connaisseurs et très-curieux en chevaux de course et de chasse, examinent avec beaucoup de soin les épaules d'un cheval et jugent de sa force par la structure de cette partie : ils veulent que l'os de l'omoplate, qui est à proprement parler l'épaule, non-seulement soit large, plat et libre, mais ils veulent encore qu'il descende bas au-dessous du garrot, c'est-à-dire qu'ils prétendent que plus il se trouve au-dessous du garrot, ce qui rend le garrot élevé, plus libre en est le mouvement de l'épaule, et c'est avec raison.

Un troisième défaut essentiel est lorsque les épaules sont chevillées, c'est-à-dire engourdies, liées et sans mouvement, ce qui rend la démarche d'un cheval rude et incommode, parce que le mouvement vient seulement du bras et de la jambe : ces chevaux sont sujets à broncher, pèsent à la main pour se soulager, et sont bientôt ruinés.

Lorsqu'un cheval qui a les épaules chevillées, après quelques exercices qui l'auront échauffé, vient à se refroidir, il demeure roide, comme s'il était fourbu ; on remarque aussi que, quoique ce soit une bonne qualité pour un cheval de selle d'avoir les épaules plates et décharnées, si cependant elles sont trop sèches, en sorte qu'on voie les os avancer sous la peau, ces chevaux les ont ordinairement chevillées et ne peuvent pas supporter de grands travaux.

Il faut encore faire attention à certains chevaux, qui, quoiqu'ils lèvent la jambe fort haut et avec beaucoup de facilité, ont cependant les épaules chevillées ; c'est ce qu'il est aisé de remarquer en prenant garde que ce beau mouvement, en apparence, ne vient que du bras et que l'épaule n'y participe point.

Enfin, tout cheval trop chargé ou trop serré d'épaules, ou qui les a trop sèches, et qui n'a point cette partie naturellement libre et mouvante, ne peut jamais passer pour un cheval de maître et a le devant bientôt ruiné.

Du Poitrail.

Lorsqu'un cheval a les épaules bien faites, ordinairement le poitrail ou la poitrine l'est aussi; cette partie doit être proportionnée à la taille du cheval. Les gros chevaux et les ronsins ont presque toujours la poitrine trop large et trop ouverte, ce qui les rend pesans et par conséquent excellens pour le tirage. Ceux de légère taille au contraire souvent péchent pour avoir cette partie trop étroite, en sorte que c'est une qualité pour ceux-ci de l'avoir large et ouverte.

Quand le poitrail est trop avancé, ce qui se connaît lorsque les jambes sont retirées sous le derrière des épaules, ce défaut est considérable pour les chevaux de selle; il est dangereux de galoper sur de tels chevaux, parce qu'ils sont sujets à tomber sur le nez et à s'appuyer sur le mors.

Des Jambes de devant.

Avant que d'entrer dans le détail des parties qui composent les jambes de devant, il faut d'abord examiner leur proportion, leur situation et la manière dont un cheval place les pieds.

La longueur des jambes doit être proportionnée à la taille du cheval : lorsqu'il est trop élevé sur les jambes, on l'appelle *haut-monté;* c'est une difformité d'autant plus considérable que ces sortes de chevaux ne sont pas assurés sur leurs jambes. Au contraire, lorsqu'elles sont trop courtes, ce qu'on appelle *bas-du-devant*, non-seulement c'est un défaut qui fait aller un cheval sur la main et sur les épaules, mais qui fait tomber la selle sur le garrot. Les jumens sont plus sujettes que les chevaux à être basses du devant.

Les jambes bien situées doivent être un peu plus éloignées l'une de l'autre près de l'épaule que près du boulet, elles doivent tomber par une seule ligne droite depuis le haut du bras jusqu'au boulet.

Un cheval en marchant doit poser les pieds à plat, tant ceux de devant que ceux de derrière.

Quand il pose le talon le premier, c'est ordinairement un signe qu'il a été fourbu; et quand il pose la pince la première, ce qui le fait nommer *cheval rampin*, c'est souvent une marque qu'il a tiré à la charrue; quelquefois aussi une écurie mal pavée lui occasionne ce défaut, parce qu'il fait entrer la pince entre deux pavés, situation qui est cause que les tendons se retirent, avec le temps.

Les pieds soit de devant, soit de derrière, ne doivent point être tournés ni en dehors, ni en dedans, et la pince du pied doit être par conséquent directement en avant.

Après ce premier examen, il faut ensuite détailler les parties de la jambe en commençant par le coude.

Du Coude.

Le coude ne doit être ni trop serré près des côtes, ni trop ouvert en dehors. Un cheval qui a le coude trop serré porte la jambe et le pied trop en dehors; et celui qui l'a trop ouvert porte les jambes et les pieds en dedans; ces deux situations font non-seulement placer les jambes, mais marquent en même temps de la faiblesse dans cette partie.

Du Bras.

La plus grande force dans la jambe réside dans le bras, c'est pour cela qu'il doit paraître nerveux et large lorsqu'on le regarde de côté; ce qui en augmente la force, c'est lorsque les muscles qui sont en dehors sont gros et charnus.

On remarque dans la plupart des chevaux qui ont le bras long, qu'ils se lassent moins et qu'ils sont plus en état de résister au travail, mais que le mouvement de la jambe n'est pas si relevé. Quand au contraire le bras est court, le mouvement et le pli de la jambe en sont ordinairement plus beaux. On tire de cette marque une conséquence, savoir : qu'un cheval qui a les bras courts est bon pour le manége et pour la parade, et que celui qui les a longs, est infiniment meilleur pour la fatigue.

Du Genou.

Le genou doit être plat et large, et n'avoir que la peau sur les os. Les genoux ronds et enflés dénotent une jambe travaillée; et lorsqu'ils sont couronnés, c'est-à-dire que le poil manque au milieu du genou à force de tomber en marchant, c'est une marque certaine de jambe usée, à moins que cela ne soit venu d'accident, comme il arrive à ceux qui se donnent des coups aux genoux contre la mangeoire.

On doit encore faire attention à la situation du genou. Lorsque le cheval, étant en place, a le genou plié en avant, et que les jambes se retirent en dessous depuis le genou jusqu'au boulet, ce qui lui fait paraître la jambe comme pliée en deux, cette difformité s'appelle *jambe arquée*, parce qu'elle prend la forme d'un arc, ce qui est une preuve que les nerfs se sont retirés par un grand travail, et ordinairement les jambes tremblent après avoir marché.

Il y a des chevaux qui naissent avec des jambes arquées, on les appelle *brassicourts*, et alors ce n'est qu'un vice de conformation naturelle qui ne vient point de jambes usées par le travail. Si on regarde ces chevaux du côté du service, cette difformité ne doit pas empêcher de les acheter. Beaucoup de barbes et de chevaux d'Espagne sont sujets à avoir les jambes arquées, parce qu'on leur met des entraves dans l'écurie, ce qui leur fait mal placer les jambes et les rend arquées avec le temps.

Du Canon.

L'os du canon doit être uni, gros et court à proportion de la jambe et de la taille du cheval.

Quand l'os du canon est trop menu, c'est une marque de faiblesse de jambe. Cependant les chevaux turcs et autres des pays chauds, ont presque tous le canon menu, et avec cela des jambes excellentes, parce que la chaleur du climat consolide cette partie et en augmente la force; mais, dans les pays froids et humides, tout cheval qui a le canon trop menu, n'a point de force dans les jambes.

Il ne doit y avoir le long de l'os ni en dedans, ni en dehors, aucunes grosseurs, comme surots, osselets, fusées, accidens qui surviennent au canon, et dont nous parlerons dans la 3e partie.

Du Nerf ou Tendon de la jambe.

Nous avons observé dans le Ier chapitre, que derrière et le long du canon, il règne un tendon qu'on appelle jusqu'à présent *nerf*, et dont nous conserverons la dénomination. C'est une partie essentielle pour la bonté de la jambe.

Voici les qualités qu'il doit avoir : il faut qu'il soit gros, sans dureté ni enflure, détaché et éloigné de l'os du canon, sans aucune humeur ni grosseur entre deux qui fassent paraître la jambe ronde.

Les nerfs qui sont gros, sans dureté ni enflure, sont

les meilleurs, parce que les chevaux qui ont le nerf menu se ruinent bientôt, bronchent facilement, et leurs jambes s'arrondissent par le moindre travail. Il faut presser le nerf avec la main, en la coulant le long de cette partie; si le cheval marque quelque douleur, on doit prendre garde qu'il n'y ait quelque dureté ou enflure; ces duretés empêchent le mouvement du nerf. Il faut de même couler la main entre le nerf et l'os, pour voir aussi s'il n'y a pas des duretés ou des glandes mouvantes qui arrêtent la main et qui échappent sous le doigt.

Le nerf doit être détaché et éloigné de l'os, ce qui forme une jambe plate et large qui est la meilleure. On appelle *jambes de bœuf* ou *de veau*, celles qui ont le nerf peu éloigné de l'os; ces sortes de jambes ont ordinairement le nerf menu, et un médiocre travail fait tomber sur cette partie une humeur qui s'y endurcit et arrondit la jambe en peu de temps.

Il se trouve encore un défaut dans le nerf, mais il est rare; c'est lorsqu'étant assez gros par en bas, il va trop en diminuant se perdre dans le genou : c'est signe de faiblesse dans cet endroit. On appelle ce défaut, *nerf failli*.

Lorsque le nerf dont nous parlons, est bien détaché, on voit entre le nerf et le canon, en dehors et en dedans, un autre petit nerf qui est un ligament en forme d'*y* grec renversé, qui unit l'os du canon avec le boulet, ce qui augmente beaucoup la beauté et la bonté de la jambe.

Du Boulet.

Le boulet doit être nerveux et gros à proportion de la jambe, sans aucune enflure, ni couronne.

Un cheval qui a le boulet menu, l'a ordinairement trop flexible, ce qui le rend sujet aux molettes, et il ne peut pas supporter un long travail. C'est pourtant une belle qualité pour un cheval de manège que d'avoir le boulet un peu flexible, les ressorts en sont plus doux et plus lians; et dans les manèges les chevaux ne s'usent pas comme ailleurs, leur travail étant réglé. Un cheval de grand seigneur, qui n'est destiné que pour les jours de revue et de grande parade, est encore à estimer, lorsqu'il a la jointure du boulet un peu pliante, par la même raison que les mouvemens en sont plus doux. Mais c'est un grand défaut pour les chevaux de carrosse et de tirage; lorsque le boulet est trop flexible, cela les empêche de reculer et de retenir dans les descentes.

Lorsque le boulet est enflé, c'est une marque de jambe fatiguée et travaillée, à moins que ce ne soit que par accident; et lorsqu'il est couronné, c'est-à-dire, que, sans écorchure ni blessure, il y a une grosseur sous la peau qui va en forme de cercle autour du boulet, c'est une preuve certaine de jambe usée par le travail.

Du Paturon.

Cette partie pour être bien proportionnée, ne doit être ni trop courte ni trop longue. On appelle les chevaux qui ont le premier défaut, *courts-jointés*, et les autres se nomment *long-jointés.*

Lorsqu'un cheval est *court-jointé*, c'est-à-dire a le paturon trop court, et que le genou, le canon et la couronne tombent à-plomb, on le nomme *droit-sur-jambes*, et les maquignons l'appellent *cheval huché.* Lorsqu'il marche dans cette situation, il devient avec le temps bouleté, c'est-à-dire que le boulet se porte en avant; généralement tous les chevaux droits sur jambes sont sujets à broncher et à tomber : les chevaux courts-jointés deviennent facilement droits et ensuite bouletés, si on leur laisse le talon trop haut.

Quand un cheval est *long-jointé*, c'est encore une plus grande imperfection, que quand il est droit; car c'est un signe de faiblesse et un défaut de construction, sans remède; au lieu qu'à ceux qui sont droits on y peut remédier par la ferrure en s'y prenant de bonne heure. Il y a pourtant quelques chevaux qui ont le paturon long, mais qui ne le portent pas trop bas en marchant, ce qui marque de la force dans cette partie et que la vigueur du nerf empêche de se trop plier. Ces chevaux sont beaucoup plus commodes au cavalier qu'au court-jointé; mais ils se ruinent plus facilement que les autres, ils ne sont bons que pour la parade.

Quelquefois un des côtés du paturon est plus élevé que l'autre; quand ce défaut n'est pas considérable il peut se raccommoder par la ferrure.

Le poil du paturon doit être couché et uni; il faut prendre garde qu'il ne soit point hérissé près la couronne, ce qui signifierait qu'il y aurait une *gratelle farineuse*, qu'on appelle *teigne*, et qui tient la couronne enflée.

De la Couronne.

Il faut que la couronne soit aussi unie que le paturon, et qu'elle acompagne la rondeur du sabot tout autour du pied; car si elle surmontait et qu'elle fût plus élevée que le pied, ce serait une marque ou que le pied serait desséché, ou la couronne enflée.

La couronne est l'endroit où les chevaux se donnent des atteintes.

L'*atteinte* est un coup qu'un cheval reçoit par un autre cheval qui le suit de trop près, ou bien qu'il se donne lui-même en s'attrapant les pieds de devant avec ceux de derrière. Quelquefois aussi les chevaux qui sont cramponnés ou ferrés à glace s'attrapent le dessus de la couronne avec le crampon, ou le clou de glace, et y font un trou qui cause souvent de grands désordres.

Du Pied en général et de ses parties.

Il faut examiner avec grand soin toutes les parties du pied; car c'est l'endroit qui porte tout le corps du cheval. Le pied doit être proportionné à la structure du corps et des jambes, ni trop grand, ni trop petit; les chevaux qui ont de grands pieds sont pour l'ordinaire pesans et sujets à se déferrer; ceux qui ont les pieds trop petits les ont souvent douloureux, et les talons se serrent et deviennent encartelés.

La forme du sabot, qui est la partie extérieure qui entoure le pied, doit être presque ronde, un peu plus large en bas qu'en haut, ayant la corne luisante, unie et brune.

Lorsque la corne n'est pas unie, et qu'elle est élevée en quelques endroits en forme de cercle autour du sabot, c'est signe que le pied est altéré, surtout si les cercles entourent le pied.

La corne blanche est ordinairement cassante, et les rivets des clous de fer la font facilement éclater.

Quand une partie de la corne du sabot est tombée par quelque accident, il s'en forme une nouvelle qu'on appelle *ovature*, ou *quartier neuf*, ce qui est aisé à connaître, en ce que telle partie est d'une corne molle et raboteuse qui n'est presque jamais si solide que l'autre, et par conséquent rend cette partie faible.

Lorsque le sabot est trop large par en bas et que les quartiers s'élargissent trop en dehors, on appelle ces sortes de pieds, *pieds plats* : défaut considérable qui fait que la fourchette porte à terre et fait souvent boiter le cheval. Quand au contraire les quartiers sont trop serrés, que le sabot s'étrécit trop auprès de la fente de la fourchette, et qu'il ne suit pas la rondeur du pied, c'est encore un grand défaut qu'on appelle *cheval encartelé*. Dans cet accident, les quartiers serrent et pressent le *petit pied*, qui, comme nous l'avons déjà dit, est un os spongieux renfermé dans le centre du pied, entouré de chair, qui communique la nourriture à toutes les parties du pied : alors le *petit pied* qui est le seul endroit sensible de cette partie, n'étant point à son aise et étant trop pressé, cela y cause de la douleur et fait boiter le cheval : les chevaux encartelés sont encore sujets à avoir des seimes, qui sont des fentes dans l'un des quartiers du pied qui règnent quelquefois depuis la couronne jusqu'au fer.

Après avoir examiné le pied à l'extérieur, il faut ensuite le lever, et en examiner les parties du dedans, qui sont la fourchette et la solle.

La corne de *la fourchette* doit être bien nourrie, sans pourtant être trop grosse, ni trop large, ce qu'on appelle *fourchette grasse :* défaut qui arrive ordinairement aux chevaux qui ont le talon bas; et alors la fourchette portant contre terre le cheval boite nécessairement; de même si la fourchette est trop petite et desséchée, c'est le défaut des chevaux encartelés, et une marque que cette partie est privée de nourriture.

La solle, qui est la corne située dans le creux du pied entre les quartiers et la fourchette, doit être forte, épaisse, point desséchée, ni affaiblie par aucun instrument : lorsque le dedans du pied n'est pas creux, et que la solle est plus haute que la corne du sabot, c'est une défectuosité qu'on appelle *pied conible ;* ces sortes de pieds sont non-seulement difficiles à ferrer, mais ne valent rien pour la selle, ni pour le carrosse : ils ne sont tout au plus bons que pour la charrue.

Il y a encore d'autres accidens qui arrivent au pied : nous en parlerons dans la 3e partie.

DE LA BEAUTÉ ET DES DÉFAUTS DES PARTIES EXTÉRIEURES DU CORPS.

Avant d'entrer dans le détail de la beauté et des défauts des parties extérieures du corps d'un cheval, il est bon de se rappeler ici que le corps est composé, suivant la division que nous en avons faite dans le premier chapitre, des reins, des rognons, des côtes, du ventre et des flancs.

Des Reins.

Les reins sont, selon la dénomination commune, la partie supérieure du corps, depuis le garot jusqu'à la croupe.

La force des reins est une chose essentielle pour la bonté d'un cheval, il faut pour cela qu'ils soient un peu courts, et que l'épine du dos soit ferme, large et unie.

Plus un cheval est court des reins, plus il rassemble ses forces : il galope mieux les hanches parce que ses forces sont plus unies; mais comme ses mouvemens sont près de la selle, ils sont incommodes au cavalier; il ne va jamais si bien le pas, que celui qui a les reins longs, parce que ce dernier étend les jambes avec plus de facilité; mais aussi celui qui a les reins trop longs ne galope pas si bien, ses forces étant désunies, ce qui l'empêche de se rassembler.

Lorsqu'un cheval n'a point l'épine du dos unie, et qu'il a le dos bas et enfoncé, on le nomme *cheval ensellé;* ces chevaux ont ordinairement un bel avant-main, l'encolure fort relevée, la tête placée haut, et couvrent leur cavalier; ils sont assez légers et vont commodément pendant quelque temps, mais ils se lassent bientôt parce qu'ils ont peu de forces et ne peuvent pas porter si pesant qu'un autre ; outre cela ils sont difficiles à seller.

Dans un cheval gros qui est en bon état, et qui a l'épine du dos large, on doit voir au milieu de cette partie un canal qui règne le long de l'épine, c'est ce qu'on appelle avoir les *reins doubles*.

Des Côtes.

Le tour des côtes doit prendre en rond depuis l'épine du dos jusques dessous la poitrine, à l'endroit où passent les sangles ; mais il faut prendre garde que les dernières côtes qui joignent les flancs ne soient trop arrondies et retroussées, parce qu'un cheval avec ce défaut ne peut jamais prendre beaucoup de corps : il mange ordinairement moins qu'un autre ; et pour peu qu'il travaille, il a le ventre coupé comme un levrier.

Quand un cheval a la côte plate, c'est-à-dire quand les côtes sont serrées, plates, et avalées, il n'a pas la respiration si libre, et il est difficile à seller sans le blesser. Beaucoup de ces sortes de chevaux, ne laissent pas, avec ce défaut, d'avoir les reins bons ; mais ils ont toujours une vilaine croupe.

Du Ventre.

Le ventre ne doit pas descendre plus bas que les côtes : il doit être large à proportion de la taille du cheval. Il y a des chevaux qui ont trop de ventre, et d'autres qui n'en ont pas assez ; manquer de ventre, de corps, ou de boyaux, sont choses synonimes.

Un cheval a trop de ventre, lorsque cette partie descend trop bas et est trop pleine, ce qu'on appelle *ventre avalé, ventre de vache.*

Lorsqu'un cheval maigre commence à s'engraisser, il paraît avoir trop de ventre ; mais quand il a la côte bien tournée, et qu'il n'a pas le flanc retroussé, le ventre passe à la croupe.

Les surfaix à l'anglaise étant très-larges sont excellens pour ces sortes de chevaux.

Lorsqu'un cheval n'est pas jeune et qu'il a le ventre grand et avalé, qu'il mange beaucoup et qu'il tousse souvent, c'est un acheminement à la pousse, maladie dont nous parlerons dans la 3ᵉ partie.

Des Flancs.

Les flancs doivent accompagner la rondeur du ventre et des côtes jusqu'auprès de la croupe.

Un grand défaut dans un cheval, c'est lorsqu'il manque de flancs, c'est-à-dire quand cette partie n'est point remplie; on l'appelle *flancs retroussés.*

Il y a des chevaux qui, avec la côte bien tournée, ont le flanc creux. Quoiqu'ils soient gras, et qu'ils aient beaucoup de chair sur les côtes, ils manqueront toujours de flancs, et l'on remarque que tout cheval qui a de l'ardeur, quoiqu'il mange bien, devient toujours efflanqué par le moindre travail.

Lorsqu'un cheval a quelques douleurs aux jarrets, ou quelque accident, ou à quelques autres parties du train de derrière, il est toujours efflanqué et étroit au boyau.

Quand le flanc d'un cheval commence à battre plus qu'à l'ordinaire, sans avoir été surmené, on l'appelle *flanc altéré;* et lorsqu'un cheval est trop échauffé dans le corps, soit par trop de fatigue, soit qu'il soit actuellement malade, ou qu'il doive bientôt le devenir, le flanc lui bat comme à un poussif.

Il y a certains chevaux qui sans être altérés du flanc soufflent beaucoup en travaillant, on les appelle pour cela *souffleurs;* mais sitôt qu'on les arrête, le flanc leur bat naturellement; les conduits de la respiration étant trop étroits causent ce défaut.

Il y en a d'autres qui sont gros d'haleine; ils ont la respiration un peu plus libre que le souffleur, mais ils ne laissent pas de souffler beaucoup en travaillant, ce qui est très-incommode, surtout pour les chevaux de chasse et de carrosse.

DE LA BEAUTÉ ET DES DÉFAUTS DES PARTIES EXTÉRIEURES DE L'ARRIÈRE-MAIN.

Les parties de l'arrière-main sont :
La croupe, les hanches, la queue, les cuisses, le grasset, le jarret, et les hanches de derrière.

De la Croupe.

Il faut que la croupe soit ronde à proportion du corps du cheval. Dans un cheval qui est gras, il doit y avoir au milieu de la croupe, dans l'endroit où se place la croupière, une ligne creuse depuis les rognons jusqu'à la queue : c'est la continuation du canal dont nous avons parlé au sujet des chevaux doubles.

Quand la croupe ne s'étend pas assez en rond depuis l'extrémité des reins jusqu'au haut de la queue, et que cette partie paraît extrêmement courte, on l'appelle *croupe avalée, coupée* ou *cul-de-prune ;* c'est un défaut assez ordinaire aux chevaux barbes, espagnols et autres nés dans les pays orientaux ; mais ce défaut, qui n'est contraire qu'à la beauté, est réparé par la beauté de leurs hanches.

Lorsque les deux os des hanches, qui sont aux deux côtés de la croupe, sont élevés, on appelle les chevaux qui ont cette difformité, *chevaux cornus ;* ceux qui ont la côte plate et le ventre avalé paraissent presque toujours cornus.

Des Hanches.

Les hanches qui font partie de la croupe, doivent être d'une juste longueur. C'est par la situation du jarret qu'on juge de la structure des hanches. Lorsque le jarret vient trop en arrière, les hanches sont trop longues; et quoique les chevaux qui ont ce défaut aillent bien le pas, ils ont beaucoup de peine à galoper assis, et n'ont jamais beaucoup de force. Lorsque les jambes descendent à-plomb depuis l'os de la hanche jusqu'au boulet, elles sont alors trop courtes, et les chevaux de cette structure marchent ordinairement roides de derrière, parce qu'ils ne peuvent pas facilement plier le jarret.

De la Queue.

La situation, la force, le port de la queue, font juger de la beauté de cette partie et en même temps de la force du cheval.

Il ne faut pas que la queue soit placée ni trop haut, ni trop bas; la queue trop haute rend la croupe pointue, et la queue trop basse marque ordinairement faiblesse de reins.

Le tronçon de la queue doit être gros, ferme et garni de poil. Si un cheval serre la queue et qu'il résiste quand on veut la lui lever avec la main, c'est un signe de vigueur.

Un défaut contre la beauté de la queue, c'est lorsqu'il y a peu de poil; on l'appelle *queue de rat.*

Non-seulement la queue doit être longue et garnie de poil, mais pour la grâce de cette partie il faut qu'elle descende *en rond* en sortant de la croupe et non *à-plomb;* c'est ce qu'on appelle *porter la queue en trompe.*

Des Fesses et des Cuisses.

Les fesses et les cuisses d'un cheval doivent être grosses et charnues à proportion de la croupe, et le muscle qui paraît au-dehors de la cuisse au-dessus du jarret, doit être fort épais, parce que les cuisses maigres et qui ont ce muscle petit, sont une marque de faiblesse au train de derrière; il faut avec cela que les cuisses soient ouvertes en dedans : un cheval serré du derrière, qu'on appelle *mal gigoté*, est celui dont les cuisses sont trop près l'une de l'autre.

Des Jarrets.

Il faut que les jarrets soient grands, larges, décharnés et nerveux; les petits jarrets sont faibles, et ceux qui ne sont pas décharnés, qu'on appelle *jarrets gras*, sont sujets à avoir des *courbes*, des *vessigons*, et autres accidens dont nous parlerons dans la 3e partie : ils sont encore la source de toutes les humeurs qui causent les maux de jambes.

Lorsque les jarrets sont serrés l'un près de l'autre, on appelle les chevaux qui ont ce défaut, *crochus*, *jarretés*. C'est le même défaut que les cuisses serrées, et un signe de faiblesse dans le train de derrière. Il se trouve quelquefois des chevaux *crochus* qui ont assez de reins.

Quand les jarrets sont trop tournés en dehors, c'est un défaut plus considérable que celui d'être crochu; jamais un cheval ne peut s'asseoir sur les hanches.

A l'égard des autres parties des jambes de derrière, elles doivent avoir les mêmes qualités que celles de devant : c'est-à-dire être larges, plates, sèches et nerveuses, peu garnies de poil, excepté celui du fanon, et enfin elles doivent tomber sur une ligne depuis le jarret jusqu'au boulet.

MANIÈRE.

D'EXAMINER UN CHEVAL AVANT QUE DE L'ACHETER.

La première chose à examiner lorsque la figure d'un cheval qu'on veut acheter nous plaît, c'est de voir s'il ne boite pas, en le faisant trotter sur le pavé.

Un cheval qui boite marque tous les temps de trot avec la tête, et il appuie ferme et promptement sur le pied de la jambe dont il ne boite point pour soulager l'autre.

Il y a des chevaux qui, en marchant, badinent de la tête comme s'ils étaient boiteux, quoiqu'ils ne le soient pas; on les appelle *boiteux de la bride*.

Avant que de détailler toutes les parties d'un cheval, il faut lui regarder à la bouche pour voir son âge, et s'il n'est point *bégut*, *contremarqué* et *sillé*, comme il est expliqué dans le chapitre suivant. Puis il faut suivre la division que nous avons faite ci-devant, en commençant par l'avant-main.

Voir si la *tête* est petite, sèche, courte et bien placée.

Si le *front* est uni, s'il n'est point camus, ou au contraire s'il n'a pas la tête trop busquée.

S'il a un *épi* au front avec une étoile, ou pelote.

Si les *salières* ne sont point enfoncées, ou creuses.

Si l'*œil* est clair, vif et effronté.

Si les *yeux* ne sont point trop gros ou trop petits.

S'il n'a point la *vitre* obscure, et le fond de l'œil noir ou brun; s'il n'y a point quelques taches ou blancheurs;

si la prunelle est grande et large; s'il n'y a point de dragon; si l'œil n'est point cul-de-verre ou verron.

Si la *ganache* n'est point trop carrée et l'entre-deux des os trop serré; si entre les deux os de la ganache, il n'y a point quelque grosseur ou glande.

Si la *bouche* n'est point trop fendue ou trop petite.

Si la *langue* ou les *lèvres* ne couvrent point les barres; si la langue n'est point coupée par l'embouchure.

Si les *barres* sont assez hautes et décharnées, sans pourtant être trop tranchantes, ou si elles ne sont point trop basses, trop rondes et trop charnues.

Si les *naseaux* sont assez fendus et assez ouverts.

Si la *barbe* est trop plate, ou trop élevée, si elle n'est point blessée, et si elle n'a point de duretés ou de calus.

Si l'*encolure* est relevée et tranchante près de la crinière; si elle n'est point effilée ou trop épaisse, renversée, fausse ou penchante.

Si le *garrot* est long et peu charnu; s'il n'a point le coup-de-hache.

Si les *épaules* sont plates, décharnées, libres et mouvantes; si le cheval n'est point trop chargé d'épaules, ou au contraire trop serré; s'il ne les a point chevillées.

Si le *poitrail* n'est point trop large, trop avancé ou trop étroit.

S'il n'est point trop élevé sur les jambes, si elles tombent en ligne droite depuis le bras jusqu'au boulet.

Si le *bras de la jambe* est plat, large et nerveux.

Si le *genou* est plat, large et décharné; s'il n'est point plié en avant (ce qu'on appelle *jambe arquée*); s'il n'est point couronné ou enflé.

Si le *canon* est gros et court à proportion de la taille; s'il n'y a point de surots, d'osselets, de fusées, et s'il n'y a point de surots chevillés.

Si le *nerf de la jambe* est détaché et éloigné de l'os, sans dureté, ni enflure.

Si le *boulet* est nerveux et gros, sans enflure ni couronne; s'il n'y a point de molettes, et s'il n'est point trop flexible.

Si le *paturon* n'est point trop court, ou trop long, c'est à-dire court-jointé, ou long-jointé; s'il n'est point droit sur jambes ou bouleté; si un côté du paturon n'est pas plus haut que l'autre; s'il n'a point de teignes.

Si la *couronne* accompagne la rondeur du pied, sans être plus haute que le sabot.

S'il ne se donne point des atteintes.

Si le *pied* n'est ni trop grand, ni trop petit.

Si la forme du *sabot* est ronde et s'il a la corne unie et brune.

Si les *talons* ne sont point serrés, ou un quartier plus haut que l'autre.

Si la *fourchette* est bien nourrie, sans être trop grosse et trop large; si au contraire elle n'est pas trop petite et trop desséchée.

Si le *dedans du pied* est creux sans que la solle soit affaiblie.

Si les pieds ne sont point plats, encartelés, comblés, cerclés; s'il n'y a point de seimes, d'avalure.

S'il n'a pas été fourbu.

S'il place bien les pieds, et que la pince ne soit ni en dehors; ni en dedans.

Il faut ensuite passer aux parties du corps et de l'arrière-main.

Voir si les *reins* sont assez courts, et si l'épine du dos est large, ferme et unie.

Si le cheval n'est point ensellé; si le tour des côtes prend bien en rond, et s'il ne les a point trop serrées.

S'il a trop de ventre ou de boyau, ou au contraire

s'il est trop efflanqué; s'il n'a point le flanc retroussé, altéré, ou poussif.

S'il n'est point souffleur, ou gros d'haleine.

Si la *croupe* est ronde et large, si elle n'est point avalée, si le cheval n'est point cornu.

Si les *hanches* ne sont point trop longues ou trop courtes.

S'il a la *queue* bien placée, s'il la porte en trompe; si le tronçon est gros et garni de poil, s'il n'a point une *queue de rat.*

Si les *cuisses* et les *fesses* sont grosses et charnues, si elles ne sont point trop serrées l'une contre l'autre.

Si les *jarrets* sont grands, larges, nerveux et décharnés.

Si le cheval n'est point crochu, ou au contraire si les jarrets ne sont point trop tournés en dehors; s'il n'a point de vessigons, de courbes, etc.

Si les *jambes de derrière* sont larges, plates, sèches et nerveuses; s'il n'a point trop de poil aux jambes.

Après avoir ainsi détaillé toutes les parties d'un cheval, il faut le faire monter pour voir s'il marche bien, c'est-à-dire s'il lève les jambes avec facilité, sans se *croiser* ni *billarder.* Celui qui se *croise* porte les deux pieds de devant en dedans, en les passant l'un pardessus l'autre; et celui qui *billarde* fait le contraire, il les jette en dehors et lève les pieds fort haut. Le premier défaut fait qu'un cheval se coupe en marchant, et celui qui billarde se fatigue et se ruine bientôt.

Pour mieux s'apercevoir de ces défauts, il faut faire venir le cheval droit à soi au pas, et non en tournant, ni au galop, comme font les maquignons quand ils vendent ces sortes de chevaux.

Il faut ensuite voir s'il tient les reins droits sans se bercer; s'il marche la tête haute et bien placée; s'il ne pèse point à la main; s'il ne donne point de coups de tête;

s'il a un pas hardi sans broncher; s'il galope légèrement et sûrement; s'il prend bien l'éperon; s'il rassemble facilement ses forces à l'arrêt après qu'on l'a échappé de la main.

Un cheval qui aurait toutes les qualités qu'on vient de décrire, sans en avoir les défauts, serait sans contredit un animal parfait : ce qui est rare à trouver; mais comme il est nécessaire à un connaisseur de tout savoir, j'ai jugé à propos de mettre cette récapitulation à la fin de ce chapitre.

DÉFAUTS DES CHEVAUX IMPARFAITS.

Portant au vent, ou cheval portant la tête haute; oreilles longues et mal placées, les yeux petits, les narines peu fendues, siffleur, riqueux, raie au palais provenant du lampas ou fève que l'on a ôtée; barres offensées, langue petite, glande de morve, fistules aux avives, col allongé, fistule à la saignée du col, loupe au col; garrot bas, dos de carpe, côte plate, fort trait, ou flanc retroussé; élancé, chevillé, ou serré dans son devant; l'épaule attachée, bouton et corde de farcin, loupe au coude, montrant le chemin de Saint-Jacques, ou faisant des armes; surot, loupe sur le boulet, senne au quartier, nerferure, long-jointé, fourmillière, faux quartier, croupe avalée, queue de rat, farcin, fourreau petit, fistule au scrotum ou au fourreau; varice provenant de la veine qu'on a barrée, vessigon en dedans, solandre, éparvins, canon menu, pinçart, passé campagne, ou caplet; jardon, mule traversière, grappe, javart dans le paturon, senne au pied de bœuf, huché sur son derrière.

Portant bas, ou portant la tête basse; oreillard, ou oreilles penchées, les salières creuses, les yeux larmoyans, fistule lacrymale, dragon, chanfrein renfoncé, le bout du nez gros, chancre, écoulement de narines, la lèvre supérieure grosse, la langue pendante, la langue coupée, la lèvre inférieure pendante, grosse ganache, joues charnues, les glandes parotides ou avives, taupe, col court, col de hache, fausse encolure, le gosier pendant, le gros garrot, ensellé, le rein bas, flanc serré, poussif, ventre de vache, hernie ventrale, ou exomphale; testicules pendantes ou mal troussées, fistules aux bourses; pissant dans son fourreau, épaule trop charnue, loupe au poitrail, avant-bras menu, malandre, tendon collé sur l'os, canon menu, droit sur son devant, atteinte encornée, couronné, fusée, molettes, cercle, ou cordon; cornu, ou la hanche haute, cuisses plates, jambes menues, vessigons, solandre, molette, javart simple dans le paturon, javart encorné, varice, javart nerveux; poireau, avalure, sous lui, ou les quatre jambes ensemble; bouton et corde de farcin, sifflet, ou rossignol; fistules à l'anus, arqué; pied fourbu, dont la solle de corne est crevée et laisse apercevoir les parties internes altérées de la pince; la solle des talons bombée, ou ce qu'on appelle oignons; la solle charnue; la corne cannelée, épaissie et de la chair cannelée; pied encartelé, talon serré, quartier serré. Représentant le pied plat, solle bombée, oignons, pied faible, ou muraille mince; muraille des talons renversée en huître à l'écaille, solle des talons très-mince et détruite par l'oppression de la muraille.

FIN.

www.ingramcontent.com/pod-product-compliance
Ingram Content Group UK Ltd.
Pitfield, Milton Keynes, MK11 3LW, UK
UKHW020951180726
13838UKWH00003B/1250

9 782329 421254